AF258296

LETTRE

DE Mr. L'AB.. DE S....

A U

CITOYEN SANTERRE,

Sur son projet Béticide.

Archi-sans-culottes, bien loin de vous pourfuivre par les armes du ridicule qu'on a femé à pleines mains fur votre fiftème économique, fondé fur *la mort aux chiens & aux chats*, je vous propoferai des moyens de le perfectionner qui ont échappé aux plaifants, car les gens qui fe moquent de tout ne raifonnent pas. Que les Ariftocrates rechauffent donc contre des vues auffi patriotiques & auffi pleines d'humanité que les vôtres, tous les perfiflages qu'on fe permit contre ces mêmes réformes, lorfqu'un nommé *Mury*, citoyen eftimable, auteur d'une infinité de projets, dont l'exécution mit à même cent frippons de s'enrichir & de le duper, les propofa jadis à Mr. Turgot, cela doit peu vous affecter.

*

Plagiaires en critique, comme moi én découvertes, pouvez-vous leur répondre, ce n'eſt
pas Santerre qui n'inventa rien de ſa vie, ce
ſont des illuſtres économiſtes que vous outra-
gez, & après avoir fait rire, vous finirez par
faire pitié.

Pour moi, citoyen Santerre, afin de mettre
à profit ce zèle avec lequel vous vous précipitez
à la barre, pour y propoſer tout ce qui vous
eſt communiqué d'utile au ſalut de la patrie,
(un peu en danger, puiſqu'elle ne peut plus
ſubſiſter entre chien & chat, & continuer à
nourrir des animaux ſi néceſſaires), je me fais
un plaiſir de vous faire part de quelques anec-
dotes, à l'aide deſquelles vous pourrez fixer
l'attention des Législateurs ſur un plan vaſte
& lié déformais dans toutes ſes parties : il eſt
d'ailleurs aſſis ſur des baſes entiérement à l'or-
dre du jour, *carnage*, *mort*, *deſtruction*.

Je vous dirai donc que Monſieur Mury, cet
homme eſtimable, dont je n'oſerois affirmer ſi,
plus que vous, il eut la gloire de calculer le
premier le nombre de ſacs de farine que la
deſtruction des chiens & des chats conſerveroit
à l'eſpèce humaine, (car de ſon tems c'étoient
encore des hommes qui habitoient Paris),

mais enfin qui , d'après ſes idées ou celles d'au-
trui , émit du moins ſon vœu avant le vôtre ,
pour que ces animaux dpmeſtiques fuſſent tués ,
& écorchés qui plus eſt , avoit fait encore ſur
leur dépouille des ſpéculations fort analogues
au beſoin de vos ſoldats demi-nuds.

Une préparation ſimple & admirable mettoit
le cuir de ces bêtes dans le cas d'être employé
ſous 24 heures, à faire des culottes , des capot-
tes , des gilets, des fourrures , des bonnets, des
guêtres & des ſouliers. Affublé de pied en cap
des étoffes de ſa nouvelle fabrique , je l'ai vu
ce vrai fanatique du bien public , vêtu de ſes
proſpectus , ne répondant aux objections des
critiques & aux demandes des curieux , qu'en
préſentant ſucceſſivement les diverſes parties
de ſon accoutrement. Fatiguer le nez des Dames qui le repouſſoient avec horreur, & effrayer
les enfants qui jettoient les hauts cris à ſa vue,
étoit peu de choſe , ou preſque rien à ſon avis.
Mais un inconvénient plus ſenſible le déſoloit,
& lui faiſoit preſſer d'autant plus vivement
l'exécution définitive de ſon projet, que c'étoit
un moyen infaillible de couper le mal dans ſa
racine.

Ce malheureux, à qui ſon goût , d'accord

avec fes facultés , & une petite banqueroute effuyée fur un établiffement de carroffes de place à Touloufe , avoient fait prendre les voitures en averfion, ne pouvoit plus fortir à pied ; encore parvenoit-il rarement fain & fauve jufqu'à fa porte, pour fe précipiter dans un fiacre , dont le cocher avoit affez de peine à détacher de fes jambes, à coups de fouët, tous les chiens du quartier acharnés après fes mollets. Defcendoit-il d'équipage ; pas un Roquet qui ne japât à fa vue , pas un Matou qui ne miolât en lui crachant au vifage , l'œil en fureur & le poil hériffé. Capitaine de la garde Parifienne, environné de piques , de fapeurs & de hallebardes , il eut bravé fans peine les attaques de ces anciens ennemis reconciliés, & coalifés contre lui , & par des vifites domiciliaires aifément prévenu leurs raffemblements. A l'abri donc de pareils accidents, grand Santerre, ne craignez point de préfenter dans toute fon étendue , l'utile projet du bon Mury.

Cependant , tandis que l'épargne de dix facs de bled par jour, & l'emploi des peaux des chiens & des chats à l'habillement des troupes, rallieront le miniftre de la guerre & celui des fubfiftances à votre plan Kèticide, vous pourrez

encore par dès profondes confidérations mora-
les entraîner les fuffrages, prépondérants dans
l'affemblée, des vertueux Barrere, Dupont &
conforts. Un chien à la fuite d'un homme n'eft-
il pas une violation de l'égalité, n'annonce-t-il
pas dans celui qui fe donne cette efcorte une
méfiance de fon femblable ? & de qui fe mé-
fier en France, au milieu de fréres égaux, en
probité comme en droits, fur-tout dès qu'on
fera fûr qu'il n'y a ni roi, ni nobles, ni prêtres
catholiques, ni émigrés de retour ? Le luxe,
la vanité fi induftrieux à fe reproduire, fi nui-
fibles à un peuple qui fe régénère, fi perni-
cieux chez une nation où il n'y a plus d'argent ni d'honneur, ne trouveroient - ils pas
dans les chiens un fupplément à des gens, à
des pages ? & bientôt peut-être une meute rem-
placeroit-elle dans les anti-chambres, & der-
rière les équipages, les groupes faftueux de
laquais. Les femmes pourroient imaginer auffi
quelque moyen de fe diftinguer par leurs chats;
& ne voyoit-on pas déjà depuis quelque tems,
les Dames du bon ton reléguer les Matous dans
leurs galetas ou chez les bourgeoifes, ne fouf-
frant dans leurs appartements, fur les canapés,
que des chats angolas ?

Auroit-on oublié d'ailleurs que le plus fameux des defpotes, le cardinal de Richelieu, fe délaffoit avec des Minets de fon application continuelle à l'afferviffement des peuples? amufement fans lequel fon trépas, arrivé peut-être quelques années plutôt, eut avancé d'autant la grande époque de notre heureufe révolution.

Et lorfqu'on maffacre un Roi, parce qu'il a recueilli l'héritage de celui que la nation mit, il y a quatorze cents ans, fur le trône; lorfqu'on égorge les nobles, parce qu'ils poffédent fur les terres des rentes, au prix defquelles leurs peres avoient bien voulu les aliéner, pour en faciliter l'acquifition & le moyen de vivre, en les cultivant, à des gens fans argent pour les acheter ; lorfqu'on bannit des prêtres, qui ofoient percevoir des dixmes, pour lefquelles ils avoient fur les fonds une poffeffion antérieure à celle de tout propriétaire actuel ; où feroit l'injuftice de punir dans la race préfente des chats les crimes de ceux qui fe prêterent dans le dernier fiécle à faire rire un tyran, dont la confiance les mettoit fi facilement à portée de délivrer la nation ? & où feroit l'égalité dans les peines, fi la poftérité des chats coupables étoit épargnée, lorfqu'on immole fans pitié celle des monarques, celle des grands & des princes, des feigneurs, & jufqu'à la race même de nos pontifes facrés?

Que chiens & chats foient donc victimés, & fans appel à la nation, comme complices, fuppots, modes ou moyens d'ariftocratie, vint-on à contefter (car que ne revoque-t-on pas en doute aujourd'hui) l'utilité de leur mort fous les rapports économiques fi fagement propofés.

Tel eft l'avantage qu'il y a d'étayer un fiftème par des principes éternels, pris dans les droits imprefcriptibles des peuples, puifés dans les maximes inaliénables de la raifon, que fans répondre à aucune objection, & fans réfoudre la moindre difficulté, on termine tout à fon gré.

Que quelque avocat donc, prenant en main la caufe des chats & des chiens, fut-il plus éloquent que celui qui plaida fous la préfidence de d'Oppede, celle des rats devant le parlement de Provence (1), vienne effayer d'intéreffer pour eux par le mérite de leurs ancêtres, en nous montrant des chats au rang des dieux

____

(1) Voyez les détails de ce procès fingulier dans l'Hiftoire de France, fous le régne de Henri II.

en Egypte, des chiens comptés parmi les ambaſſadeurs juſques dans l'Olimpe ; quelle faveur conciliera-t-il par-là à ſes clients devant un Aréopage, qui ſoumet à ſa réviſion les cieux & la terre, qui renverſe les trônes & qui proſcrit la Divinité ?

Qu'il faſſe crouler par ſes fondements, ce grand orateur, le calcul de l'épargne de milliers de ſacs de farine, en démontrant que les chiens, pour la plupart, bien moins de chats encore, ſont-ils nourris de pain, parce que les pauvres qui le leur refuſent, les forcent à chercher leur vie d'une maniere qui nous délivre du ſpectacle de mille objets dégoûtants, & que les débris des tables des riches fourniſſent aux leurs un aliment plus à leur goût, ſans eux perdu & inutile : on ſourit de pitié à ce nouveau Deſeze, qui croit être encore devant des juges qui cherchent la vérité, & au tems où on établit l'innocence en démontrant la fauſſeté des crimes dont on cherche à la noircir. L'imbécille a-t-il prouvé, ſe dit-on, qu'ils ne ſoient pas nés chats & chiens, eſpèce vorace dont le ſang doit arroſer l'arbre de la Liberté ?

Que ce défenſeur officieux exagère les grands ſervices qu'eux & leur race rendirent long-tems à l'espèce humaine ; que leur fidélité, leur vigilance, leur activité infatigable contre les ennemis de l'homme & de ses meubles & immeubles soient présentés avec autant de clarté, de force & d'énergie que les bienfaits d'un Louis XVI, on rend avec Damien Robespierre hommage à leurs qualités, à leur bienfaisance, & on persiste dans l'arrêt de mort.

Voulut-il enfin, leur conseil, faire valoir la conservation de l'espèce dans l'arche, le témoignage rendu dans l'Ecriture à la fidélité du chien de Tobie, les comparaisons qui y sont prises, les leçons qui y sont tirées de ses rares qualités ; sera-ce à l'autorité des Livres saints que s'arrêtera une philosophie aussi épurée de préjugés que celle de nos 739 Archontes ? Quelle confiance donnera - t-elle à ces guides aveugles de la raison humaine durant tant de siécles, une assemblée, qui plus éclairée par les feux pâles & livides des torches qu'elle a allumé pour incendier tout ce qui existoit avant elle, que par l'expérience de tous les tems qu'elle écarte comme trompeuse, que par les oracles des prophètes dont elle se moque, que par les rêves qu'elle méprise de tous les philosophes antérieurs à Sicyes

& à Condorcet, fçait affez le cas qu'on doit faire d'une Bible, où l'on trouve les preuves de l'exiftence d'un Dieu, d'une révélation divine, de la néceffité de mettre des bornes à une liberté qui, fans cela, dégénéreroit en licence, de l'établiffement de la diverfité des rangs & des fortunes, & jufques de l'origine des Princes & des Rois ?

Ce fera ainfi, Général Santerre, qu'écho des plus grands publiciftes, comme des fpéculateurs les plus fubtils, forçant ou entraînant les fuffrages, vous aurez la double gloire d'avoir conduit votre Roi à la boucherie, & tous les chiens & chats à l'écorchoir.

Quel moyen plus propre d'ailleurs à faciliter l'exécution du décret qu'elle prépare pour abolir la peine de mort, auffi-tôt qu'il n'y aura plus d'honnêtes gens en France, pourroit-on indiquer à la Convention, que de lui confeiller de livrer aux Marfeillois, aux Bordelois, & à tous les tigres qu'elle a accoutumé à verfer le fang, au Duc Égalité même, revenant bientôt de fes campagnes légères, fans avoir pu atteindre de fes coups un feul ennemi, de leur abandonner tous les animaux, domeftiques, defcendants d'anciens favoris de princes, de nobles profcrits & de Dames titrées & qualifiées , tous les chats & chiens de la France, pour être immolés à leur rage & à leur fureur ? Ainfi le Législateur des Juifs , qu'une erreur de plus de trois mille ans avoit fait regarder comme un grand homme, rempli de l'efprit de Dieu, jufques à ces jours de lumière, vainqueurs de tous les préjugés nés avec le monde, où paroiffent enfin les vrais Législateurs , deftructeurs de tout ce dont l'expérience d'une fuite d'âges, le confentement de toutes les nations paroiffoit attefter les avantages ; ainfi Moyfe ne parvint-il jadis à abolir d'abord dans la Judée, & à fon exemple infenfiblement dans tout l'univers, les facrifices des victimes humaines , fubftitué fans doute par des Jacobins, enfants de Caïn, à ceux des fruits & des prémices des productions de la terre, qu'en ordonnant de répandre le fang des boucs & des taureaux fur l'autel.

Mais c'en eft affez, fans doute, pour juftifie que la mefure de tuer tous les chiens & tou les chats de Paris, & par voie de fuite tou ceux de votre république, cette mefure qu vous a paru fi propre à rétablir l'abondance par l'économie de 3650 facs de bled par al dans la capitale, (& qui peut calculer combien dans toute la France ancienne & moderne ?) mesure infaillible dans ses effets, ne repose pas moins d'ailleurs, que toutes les autres opérations fondamentales de la Convention, sur les nouvelles découvertes du droit public des hommes, des bêtes, & des nations séduites & à séduire.

Je ne vous propose donc pas la question insolente que j'ai entendu faire, si les hommes, que vous prétendez faire vivre aux dépends de vos chiens & chats, valent mieux que ces animaux utiles, & si ce n'est pas là former le projet d'engraisser des tigres & des loups, avec des agneaux ? Encore moins vous demanderai-je, pourquoi vous n'avez pas pensé à faire interdire la fabrication de la bierre, liqueur qui consomme beaucoup de grain ; boisson purement de luxe & de gourmandise pour les riches, dans des climats où le vin est aussi commun. Chut, me répondrez-vous, n'éventez pas la mine, Santerre est brasseur de bierre pour sa vie, tandis qu'il n'est général que pour celle de la République Françoise, au plus. N'attaquons donc pas la bierre, j'y consens sans peine ; mais je ne puis finir cette lettre sans

vous faire quelques obfervations fur une autre
partie de vos plans économiques, que les rail-
leurs, plus intéreffés à leur ventre qu'au fort
des chiens & des chats, n'ont paffé fous filence
que de peur, fans doute, de la voir adopter.

Vous avez propofé d'obliger les riches à fe
réduire de tems en tems aux pommes de terre,
afin que les pauvres puiffent fans interruption
& à bon compte manger toujours du pain blanc.
Très-bien, Mr. le Braffeur; mais ce que vous
n'avez pas ajouté, & ce qui eft pourtant indif
penfable pour utilifer férieufement cette abfti-
nence, c'eft qu'il faut en évaluer le produit
-& affujettir vos Xérophages à le payer. Autai
valoit-il donc propofer tout d'abord encore u
nouvel impôt fur cette claffe, dite des riches
claffe bientôt purement imaginaire dans ur
république, où ceux qu'on appelle les pauvre
les fans - culottes, vos foldats, réglent tou,
difpofent de tout, & prennent tout.

Ce fut ainfi qu'un parlement d'Angleterr
bien digne de fervir de modèle à votre Conve
tion, puifque ce fut celui qui fit perdre la ti
à fon Roi, au malheureux Charles 1er, fit q
blier une ordonnance pour obliger chaque
mille à fe priver d'un repas par femaine, é

fournir aux befoins publics ce que ce repas pourroit coûter. Mais la valeur du repas fut fixée, fans s'inquiéter beaucoup s'il étoit épargné, & on obligea rigoureufement chacun à la payer. Par cette tournure le parlement ne crut pas avoir entrepris de mettre d'impôt. Chez vous ce n'eft pas fans doute pour couvrir un défaut de puiffance, que vous infinuez la même rufe, mais pour diffimuler la violation déjà trop répétée des droits de l'égalité dans les impofitions.

Plus francs autrefois les Spartiates, (quoiqu'ils euffent deux Rois au lieu d'un,) n'ayant ni argent ni affignats dans leur tréfor, prefcrivirent un jeûne univerfel, fans diftinction, tant pour les hommes libres que pour les efclaves, & pour les animaux domeftiques (car il y en avoit à Sparte qu'on ne tuoit pas,) jeûne dont l'épargne produifit une fomme qu'on prêta à Pamos, qui avoit envoyé des députés pour reclamer des fecours.

J'avoue pourtant, que dans une république comme la vôtre, dont les piques font émettre tous les jours, au dedans comme au dehors, es vœux les plus libres en faveur des décrets, es plus vexatoires & les plus défaftreux, il

(15)

eſt aſſez prudent de ne dire les choſes qu'à demi mot, à d'auſſi bons entendeurs, ſur-tout que le ſont tous vos Clubiſtes. Ah ! depuis trop long - tems ils ſavent, qu'en tuant & pillant les riches, l'économie eſt tout autrement claire & netté, qu'en ſe contentant de leur impoſer des jeûnes & des privations en ſecret. Tous ſeuls auſſi ſauront-ils bien déviner peut-être, qu'après avoir tué les chiens & les chats, il faut encore les écorcher. Oſerois-je pourtant haſarder de mon chef l'idée, au cas qu'elle vint à leur échapper, d'en ſaler les chairs, pour nourrir votre troupe antropophage durant le ſiège de Paris !

Vous devez me juger d'après tout ceci , parfaitement dans vos idées patriotiques , puiſque je ne vous cache rien de ce que je crois propre à perfectionner vos plans. Ne me croyez pourtant pas , je vous prie , ni *votre ſerviteur* , l'égalité les proſcrit ; ni *votre très-humble* , la liberté nous a mis debout ; ni *avec reſpect* , la république l'interdit juſques pour l'Etre ſuprème ; je finis donc ſans cérémonie, en vous diſant, Archi-ſans-culottes, au revoir quand vous aurez grimpé l'échelle dont vous avez tenu le pied.

A . . . . . ce 24 *Février* 1793.